LUZIA FARACO RAMOS
FAIFI

... E ELES QUERIAM CONTAR

CONCEITO DE DEZENA

JOGOS

ATIVIDADES

editora ática

Esta edição possui os mesmos textos ficcionais da edição anterior.

... E eles queriam contar

Gerente editorial	Fabricio Waltrick
Editora	Lavínia Fávero
Editora assistente	Thaíse Costa Macêdo
Coordenadora de revisão	Ivany Picasso Batista
Revisoras	Rita Costa, Márcia Cristina da Costa
Capa	Alberto Llinares/Neway Design
Coordenadora de arte	Soraia Scarpa
Editoração eletrônica	Alberto Llinares/Neway Design
Tratamento de imagem	Cesar Wolf, Fernanda Crevin

CIP-BRASIL. CATALOGAÇÃO NA FONTE
SINDICATO NACIONAL DOS EDITORES DE LIVROS, RJ

R144e
6.ed.

Ramos, Luzia Faraco, 1953-
... E eles queriam contar / Luzia Faraco Ramos ; ilustrações Faifi. – 6.ed. – São Paulo : Ática, 2012.
16p. : il. - (Turma da Matemática)

ISBN 978-85-08-16038-9

1. Matemática - Literatura infantojuvenil. 2. Literatura infantojuvenil brasileira. I. Faifi (Ilustrador). II. Título. III. Série.

12-3466. CDD: 028.5
CDU: 087.5

MISTO
Papel produzido a partir de fontes responsáveis
FSC® C137933

ISBN 978 85 08 16038-9 (aluno)
ISBN 978 85 08 16039-6 (professor)
Código da obra CL 738343
CAE: 270187 - AL
OP:248759
2024
6ª edição
10ª impressão
Impressão e acabamento:Bartira

Avenida das Nações Unidas, 7221 – CEP 05425-902 – São Paulo, SP
Atendimento ao cliente: 4003-3061 – atendimento@atica.com.br
www.atica.com.br

ADELAIDE E CAIO ERAM PASTORES DE CABRAS. ELES VIVERAM HÁ MUITO, MAS MUITO TEMPO. NAQUELA ÉPOCA OS HOMENS AINDA NÃO TINHAM INVENTADO OS NÚMEROS.

CAIO, PRECISAMOS SABER SE TODAS AS NOSSAS CABRAS ESTÃO AQUI.
PODEMOS SEPARAR GRAVETOS, UM PARA CADA CABRA.

BOA IDEIA, E VOCÊ PODE COLOCAR OS GRAVETOS NO CINTO.
É, ASSIM PODEREMOS CONFERIR AS CABRAS QUANDO QUISERMOS.

COM O PASSAR DO TEMPO, MAIS CABRAS FORAM NASCENDO.
CAIO, VEJA QUANTAS CABRAS JÁ TEMOS!!!
E OLHE QUANTOS GRAVETOS!!!
NAQUELA NOITE...
VOCÊ DEIXOU TODOS OS GRAVETOS CAÍREM NO CHÃO.
ERAM MUITOS GRAVETOS, JÁ NÃO CABIAM NO CINTO.
VEJA, CAIO, ESSES GRAVETOS PARECEM DEDOS.
É MESMO, ADELAIDE. QUE LEGAL!

SEPAREI UM GRAVETO PARA CADA DEDO. VOU JUNTAR ESSES GRAVETOS NUM MONTINHO.
E AINDA SOBRARAM GRAVETOS.

SÃO MAIS GRAVETOS DO QUE OS DEDOS DAS SUAS MÃOS.
ENTÃO TEMOS MAIS CABRAS DO QUE OS DEDOS DAS MINHAS MÃOS!

VOU AMARRAR ESSE MONTINHO!
O MONTINHO VAI FICAR COM O MESMO TANTO DOS DEDOS DE DUAS MÃOS. SERÃO TANTOS GRAVETOS QUANTO DEDOS.

ASSIM FICOU MUITO MAIS FÁCIL. VOU CARREGAR O MONTINHO NO CINTO.
E EU VOU COLOCAR UM CINTINHO TAMBÉM PARA FICAR COM OS GRAVETOS QUE AINDA NÃO FORMARAM MONTINHOS.

HOJE SABEMOS QUE, NAQUELA NOITE, ELES TINHAM 13 CABRAS.

E ASSIM, CAIO E ADELAIDE FORAM APRENDENDO A CONTAR, FORMANDO GRUPOS DE DEZ.

ADELAIDE, OLHE A LUA! ESTÁ GRANDONA E REDONDA COMO UMA LARANJA!
É MESMO, DE VEZ EM QUANDO ELA FICA ASSIM REDONDONA...
SERÁ QUE DÁ PRA GENTE DESCOBRIR DE QUANTO EM QUANTO TEMPO ELA FICA ASSIM?
COMO?
TIVE UMA IDEIA! VAMOS CONTAR QUANTAS NOITES PASSAM ATÉ ELA APARECER DESSE JEITO OUTRA VEZ.

JÁ USAMOS GRAVETOS PARA CONTAR AS CABRAS...
ENTÃO VAMOS USAR OUTRA COISA PARA CONTAR AS NOITES...

PEDRINHAS!!!
BOA IDEIA!!!

E ASSIM FIZERAM. CADA VEZ QUE ANOITECIA, SEPARAVAM UMA PEDRINHA.

VÁRIAS NOITES DEPOIS...
ESTAMOS PERDIDOS NO MEIO DE TANTAS PEDRINHAS...
CALMA! TIVE UMA IDEIA.
PODEMOS FAZER MONTINHOS. CADA MONTINHO VAI TER TANTAS PEDRAS QUANTOS SÃO OS DEDOS DE DUAS MÃOS.
E AINDA VÃO SOBRAR ALGUMAS PEDRINHAS...
ISSO NÃO TEM IMPORTÂNCIA. O PROBLEMA É ONDE GUARDAR CADA MONTINHO.
IDEIA!

PODEMOS USAR CASCAS DE COCO!!!
GRANDE GAROTA!!!

E EM CADA CASCA ELES GUARDARAM DEZ PEDRINHAS.

DURANTE O DIA ELES CUIDAVAM DAS CABRAS E, À NOITE, OLHAVAM PARA O CÉU.

CERTA NOITE...
CAIO, VEJA! QUE LINDA!
A LUA ESTÁ GRANDE E REDONDA DE NOVO!

ASSIM, ELES DESCOBRIRAM QUE DEPOIS DE DUAS CASCAS DE COCO E OITO PEDRINHAS, A LUA APARECIA DE NOVO CHEIA NO CÉU!

PARA REGISTRAR A GRANDE DESCOBERTA, FIZERAM DESENHOS NUMA ROCHA: TINHA LUA, COCO E PEDRINHAS.
HOJE SABEMOS QUE O CICLO DA LUA É DE 28 DIAS.
FIM

ATIVIDADES

COMO PREPARAR A PRIMEIRA CALCULADORA DO MUNDO

Jogo com a primeira calculadora do mundo • Para jogar em duplas

Material necessário:

- 1 dado
- 1 bandeja
- 40 palitos de sorvete
- 3 elásticos
- a primeira calculadora do mundo de cada jogador

Se não tiver um dado pode ser utilizada uma caixa de fósforos vazia. Se a caixa cair em pé pegue 1 palito, se cair de lado pegue 2, se cair deitada pegue 3.

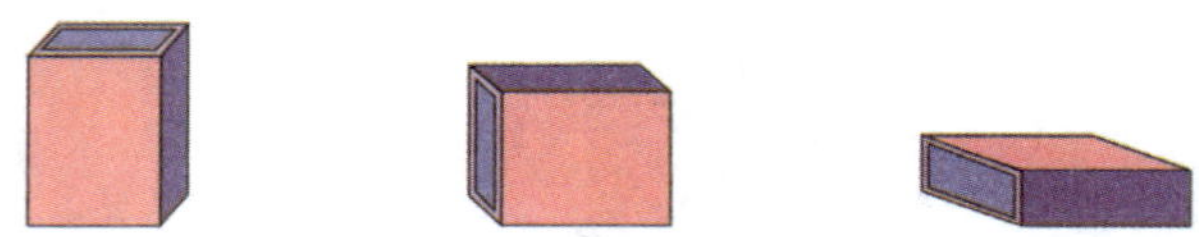

1 palito 2 palitos 3 palitos

Regras do jogo:

- Todos os palitos são colocados na bandeja.
- Cada jogador lança o dado, pega a quantidade de palitos indicada e os arruma em sua calculadora (se não tiver um dado use a caixa de fósforos).
- Cada palito fica em um dedo, depois, o jogador seguinte faz o mesmo.
- Quando todos os 10 dedos da calculadora de um jogador estiverem completos com palitos, retirar os palitos e amarrar com um elástico.
- Cada montinho sempre terá somente 10 palitos: 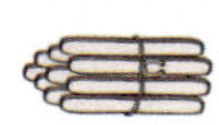 .
- Se sobrarem palitos, depois de amarrarem seu montinho, esses palitos ocupam novamente os dedos da calculadora.
- O jogo acaba quando acabarem os palitos da bandeja.
- Ganha o jogo quem conseguir uma maior quantidade de palitos.

Novidade muito importante

Em Matemática, cada grupo de 10 recebe o nome de dezena, e as quantidades que não chegarem a completar uma dezena são chamadas de unidades.

Registro do resultado:

Cada jogador terá montinhos e palitos soltos, ou seja, dezenas e unidades.

Então cada jogador prepara no seu caderno uma pequena tabela com dois espaços, um para marcar os seus palitos soltos, ou seja, as unidades, e o outro espaço, à esquerda, para marcar quantos são os seus montinhos, ou seja, as dezenas.

Veja o resultado de um jogo do Caio e da Adelaide e como eles o registraram nas tabelas:

Adelaide

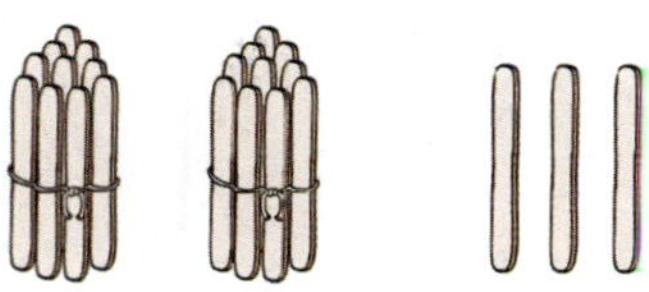

montinhos	soltos
2	3

dezenas	unidades
2	3

ou

Caio

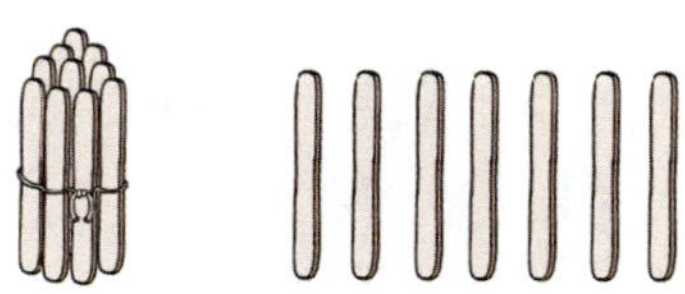

montinhos	soltos
1	7

dezenas	unidades
1	7

Adelaide ganhou o jogo, ela conseguiu 23 palitos e o Caio conseguiu 17.

Jogue com seus amigos e registre o resultado no seu caderno em forma de tabela, como fizeram Caio e Adelaide.

É importante saber que:

Quando temos somente montinhos com dez palitos, ou seja, dezenas completas, colocamos um zero na casa das unidades para indicar que não temos palitos soltos, veja como:

dezenas	unidades
1	0

ou seja, 10.

dezenas	unidades
2	0

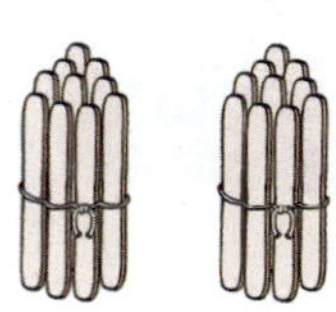

ou seja, 20 e assim por diante.

Material necessário:

- 2 pequenas peças (por exemplo, uma borracha e um apontador) para cada jogador caminhar na trilha
- 1 caixa de fósforos vazia

Regras do jogo:

- Cada jogador lança a caixa de fósforos para cima.
- Dependendo de como a caixa cair, anda 1, 2 ou 3 casas.
- Ganha o jogo quem chegar primeiro ao fim da trilha.
- Observe que a cada 10 casas a trilha muda de cor.

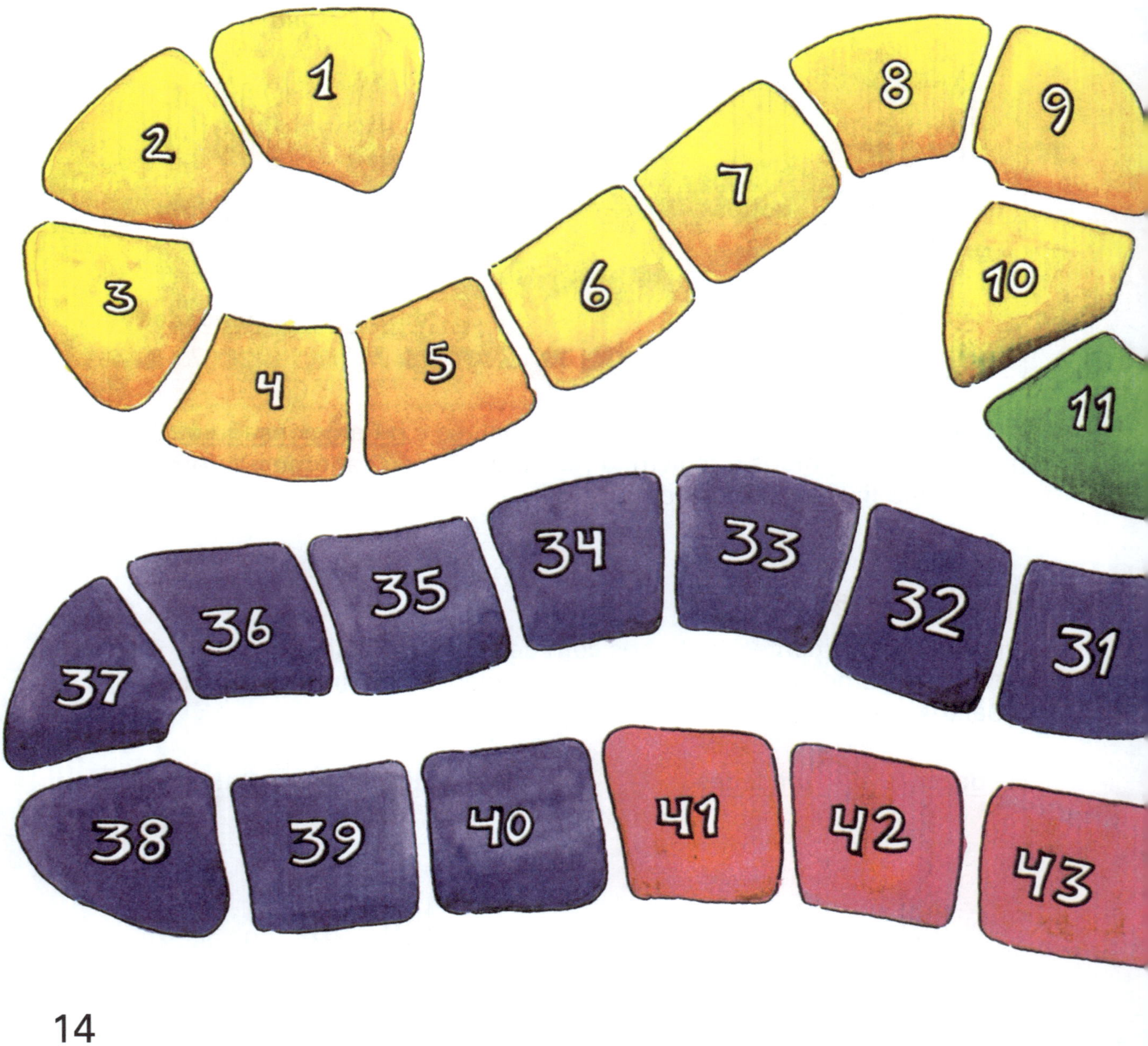

Contagem de pontos e registro do resultado:

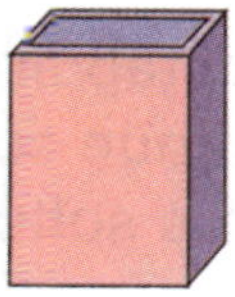

1 casa

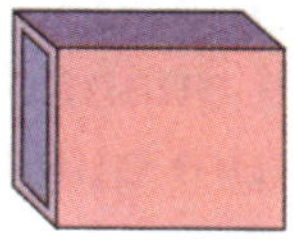

2 casas

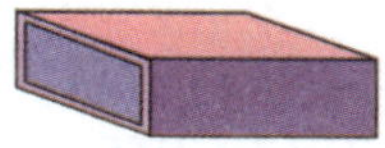

3 casas

No final do jogo, cada jogador marca em seu caderno quantas casas andou.

Como fazer uma sequência numérica usando palitos:

Comece com 1 palito, coloque mais 1 para formar 2; depois mais 1 para formar 3, até 9.

Quando colocar mais 1 palito terá formado uma dezena, então amarre os 10 palitos com um elástico – essa é a quantidade 10. Continue colocando mais 1, terá 11 e assim por diante. Sempre que tiver 10 palitos soltos amarre formando uma nova dezena.

	1
	2
	3
	4
	5
	6
	7
	8
	9
	10
	11
	12
	13
	14
	15
	16
	17
	18
	19
	20

	21
	22
	23
	24
	25
	26
	27
	28
	29
	30
	31
	32
	33
	34
	35
	36
	37
	38
	39
	40

Foi assim que o Caio e a Adelaide aprenderam a contar suas 13 ovelhas. Usaram a primeira calculadora do mundo e fizeram amarradinhos de gravetos com o mesmo tanto dos dedos das mãos, ou seja, 10.